Kai H. Thiele

Empfindsame Reise

Die Fahrt des Dichters Hans Christian Andersen zur königlichen Sommerresidenz in Wyk auf Föhr im Sommer 1844

Fotografien von Günter Pump

Husum

Der Besuch auf Föhr im Sommer 1844 stand immer in einem besonders strahlenden Glanz vor Hans Christian Andersen. Fünfundzwanzig Jahre, nachdem der kleine Abenteurer als armer Knabe Odense verlassen hatte, kehrte er von einer Deutschlandreise zurück, die ihn zum Übermaß davon überzeugt hatte, dass er sich draußen in der weiten Welt Namen und Anerkennung gewonnen hatte. Und eben hatte er seinen Fuß auf dänischen Boden gesetzt, als die Fee des Glücks noch eine Überraschung für ihn bereithielt: Am Erinnerungstage seiner damaligen Ankunft in Kopenhagen saß er als Gast seines Königspaares in Wyk auf Föhr. Er begnügte sich aber nicht damit, sich im Schein der Gnade zu sonnen, während die Gedanken zurückgingen zu den Kämpfen und Mühseligkeiten der Jugendjahre. Er brauchte seine Augen und notierte fleißig seine Eindrücke von dieser Reise nach einer Ecke der dänischen Monarchie, den Nordseeinseln, die er vorher nie besucht hatte und auch nicht wiedersehen sollte. Hier holte er sich Inspiration und Stoff für den zentralen Teil eines seiner reifsten und reichsten Werke, des Romans „Die zwei Baronessen".

Von dieser einnehmenden Episode im Lebensabenteuer des großen Dichters handelt das vorliegende Büchlein. Es zeichnet ein Kulturbild aus der Zeit vor 1848 mit Hans Christian Andersen als Mittelpunkt und ist mit Laune und Gelehrsamkeit geschrieben. Kennern wird es imponieren wegen seiner eingehenden Kenntnis des gesamten schriftlichen Materials, das uns von der Hand des Dichters zur Beleuchtung der Tage auf Föhr zur Verfügung steht, nicht zum wenigsten der Tagebücher, von denen bislang nur Bruchstücke veröffentlicht worden sind. Es wird alle Leser unterhalten und fesseln durch seinen lebendigen Erzähler-Stil und seine warme Sympathie für die Hauptpersonen, und es erhält seinen eigenen herzlichen Ton, weil es von einem Sohn der Insel geschrieben ist, bei dem die Liebe zur Heimat sich vereint mit der Pietät für jene Zeit, als der Danebrog über der Wyker Schiffsbrücke wehte.

H. Topsøe-Jensen

Im Spätsommer des Jahres 1844 reiste der Dichter Hans Christian Andersen, bereits auf der Schwelle zu europäischer Berühmtheit, nach der nordfriesischen Insel Föhr im Schleswigschen, um dort in ländlicher Umgebung einige Zeit als Gast des dänischen Königspaares zu verbringen.

Es war in der idyllischen Epoche des Gesamtstaates, der das Königreich Dänemark mit den Herzogtümern verband und sich bis Altona an die Elbmündung erstreckte. Das erwachende Nationalgefühl, jenes zweifelhafte Erbe der napoleonischen Kriege, hatte die kleinbürgerliche Gemütlichkeit in den westschleswigschen Städten und Dörfern noch nicht sonderlich zu beunruhigen vermocht, wenn auch der erste ferne Donner des heraufziehenden Ungewitters schon von Zeit zu Zeit in den Frieden hineingrollte.

Die königliche Aufforderung, nach Föhr zu kommen, erreichte den Dichter am 25. August mit einem Brief seines Gönners, des Staatsministers Graf Rantzau-Breitenburg. Erst kürzlich war er von seiner ersten großen Triumphreise, die ihn nach Weimar und Berlin geführt hatte, zurückgekehrt und über Kopenhagen nach Glorup geeilt, wo er einige stille beschauliche Tage bei dem alten Grafen Moltke-Huitfeld verleben zu können hoffte. – In den letzten Jahren war er fast ständig auf Reisen gewesen. 1840–41 hatte er Italien, Griechenland und sogar Konstantinopel besucht und war auf der Rückreise mit dem Donaudampfer nach Wien gekommen. 1843 hatte er sich längere Zeit in Paris aufgehalten und war bei den Großen der zeitgenössischen französischen Literatur ein- und ausgegangen. Er war jetzt 39 Jahre alt und stand auf dem Höhepunkt seines künstlerischen Schaffens.

Nun traf dieser Brief ein; der Inhalt war nicht misszuverstehen, Rantzau schrieb:

„Herzlichen Danck für Ihren lieben Brief, den ich umso mehr gleich zu beantworten eile, da die Königinn mir den Auftrag ertheilt Sie einzuladen hieher zu kommen, was Ihnen, wie ich hoffe, sehr angenehm seyn wird. Eilen Sie etc."

Natürlich war es eine ehrenvolle und schmeichelhafte Invitation, die ihm hier zuteil wurde. Im Grunde hätte sie ihm eigentlich in mehr als einer Hinsicht willkommen sein müssen. Trotz wachsender Anerkennung im Auslande lebte er ja noch immer in verhältnismäßig dürftigen Umständen und das Wohlwollen eines so gütigen und den

Der Flecken Wyk, an der Südostseite der Insel gelegen

Künsten zugetanen Herrschers, wie es Christian VIII. war, durfte ihm keineswegs gleichgültig sein. Sicherlich hatte er sich hierüber auch zuweilen schon seine Gedanken gemacht, und im Stillen mochte er manches Mal den Wunsch genährt haben, in die engere Umgebung des Königspaares zu gelangen. Er dürstete ja nach Anerkennung und äußerer Bestätigung seines dichterischen Ruhmes, die ihm umso erstrebenswerter vorkommen mussten, als er noch in letzter Zeit gerade in seinem Vaterlande mancherlei ungerechtfertigter Kritik ausgesetzt gewesen war und bitter empfundene Schmähungen empfangen hatte.

Hinzu kam, dass eine Reise nach Föhr allerlei dichterische Anregung zu geben versprach. Der Flecken Wyk, an der Südostseite der Insel gelegen und Namen und Entstehung einer zu Hafenbau und Besiedelung einladenden Meeresbucht verdan-

Es war das erste Mal, dass dem Dichter wirklich Gelegenheit geboten wurde, die Nordsee kennenzulernen.

kend, genoss bereits seit Jahren den Ruf eines bekannten Badeortes. Die 1819 errichtete Seebadeanstalt, „Das Wilhelminenbad", war nach wechselvollen Schicksalen in den ersten beiden Jahrzehnten ihres Bestehens zur Blüte gelangt, nachdem Wyk vor einigen Jahren königliche Sommerresidenz geworden war und die elegante Welt aus Kopenhagen und den Herzogtümern begonnen hatte, sich während der Sommermonate dort einzufinden, um die Bäder zu gebrauchen, die die Ärzte jetzt gegen verschiedenste Übel und Gebrechen verordneten.

Zudem war es das erste Mal, dass dem Dichter wirklich Gelegenheit geboten wurde, die Nordsee kennenzulernen und mit seinem empfindsamen Gemüt eine Natur zu erleben, die nach allem, was er gehört hatte, in so starkem Gegensatz zu der milden und anmutigen Landschaft der dänischen Ostküste stehen sollte.

Nun hielt er recht unerwartet die Einladung in seiner Hand, die viele neue Eindrücke zu geben versprach und manche Türen öffnen konnte, und eigentlich hätte er sich freuen sollen. Dennoch verursachte sie ihm vorderhand nur ernstliche Bekümmernis und mancherlei Kopfzerbrechen; ja, kam ihm wohl gar unerwünscht, auf jeden Fall ungelegen. Doch war es nicht so sehr die Beschwerlichkeit einer erneuten Reise, die ihn abschreckte, wie man wohl annehmen möchte. Dazu war er des Reisens nachgerade zu gewöhnt, und niemals hatten Strapazen irgendwelcher Art ihn abgehalten, neue Landschaften und fremdes Volkstum zu studieren. Der Grund, der ihm die Freude zu vergällen drohte, war daher auch ganz anderer Art. Es war die Angst vor der erneuten Ausgabe, die ihn bedrückte, denn dass die Fahrt nach Föhr nicht gerade billig werden würde, lag ja auf der Hand. Wie so oft quälte ihn auch jetzt die Furcht vor Aufwendungen, die seine Verhältnisse überstiegen. Der Gedanke an die Armut, die seine Kindheit und Jugend geprägt hatte, und die Erinnerung an die damit verbundene Abhängigkeit von fremder Menschen Gnade, dieses Schreckgespenst der Jünglingsjahre, als er in Slagelse und Helsingør unter der Fuchtel des Rektors Meisling leben musste, verfolgten den Dichter zeit seines Lebens und noch in seinem Alter, als er sich längst in gesicherten, ja in wohlhabenden Verhältnissen befand, marterte ihn zuweilen – und nicht nur im Traum – die Furcht, noch einmal wieder arm zu werden. Deutlich ging dies aus dem Brief hervor, den er aus diesem Anlass an seinen väterlichen Freund und Wohltäter, den Finanzdeputierten Jonas Collin schrieb und worin er nach kurzem Bericht über die empfangene Einladung fortfuhr:

„Es ist also nichts zu wollen, ich muss los, ohne Rücksicht darauf, dass meine Finantsen diese Reise ganz und gar nicht ertragen; es hat mich daher einigermassen verstimmt, ungeachtet, dass ich mich sonst wohl durch diese Gnade geschmeichelt fühlen müsste. Ich kann mir nicht vorstellen, dass mir die Reise vergütet wird, und sie wird doch sicherlich auf 50 Reichsthaler kommen, also gerade so viel, wie ich brauchte, um von Kopenhagen nach Dresden und zurück zu reisen. Aber ich muss ja

Vorerst hatte er jedoch Zeit, sich noch ein wenig in seiner Geburtsstadt umzusehen.

wohl, nicht wahr; ich habe vorgefragt hier auf Glorup und man sagt, es ist nichts anderes aufzustellen, als zu reisen."
Zu allem Unglück kam noch hinzu, dass das Dampfschiff nach Flensburg nur einmal wöchentlich, und zwar am Sonnabend, fuhr. Rantzaus Brief jedoch war am Sonntag eingetroffen, und da man mit Hinblick auf die vorgeschrittene Jahreszeit damit rechnen musste, dass der Aufenthalt des Königs auf

Föhr sich seinem Ende näherte, auch Rantzau die Dringlichkeit betont hatte, wagte Andersen es nicht, seine Abreise hinauszuschieben.

Er fuhr daher am Dienstag um 5 Uhr mit Gelegenheit nach Odense, wo er die Postkutsche nach Assens nehmen wollte. Vorerst hatte er jedoch Zeit, sich noch ein wenig in seiner Geburtsstadt umzusehen, und begegnete dabei verschiedenen Bekannten, hütete sich aber, ihnen zu verraten, dass ihn die Königin nach Föhr gerufen

hatte, damit nichts darüber in die Zeitungen gelangen möchte. Er hatte seit Langem eine panische Angst vor den Schreibereien der Journalisten, die ihn so oft gehöhnt hatten und ihm unablässig den Vorwurf der Eitelkeit machten. Hier, fühlte er, hätte sich wieder einmal eine köstliche Gelegenheit geboten, ihn des Prahlens mit königlichen Einladungen zu bezichtigen.

Er hatte seinen Brief vom Vortage mit dem Stoßseufzer beschlossen:

„Das Wetter ist fürchterlich und ich habe von Glorup 29 Meilen nach Föhr!"

Es zeigte sich denn auch, dass seine Befürchtungen hinsichtlich des Wetters keineswegs unbegründet gewesen waren. In gießendem Regen und schrecklichem Sturm rollte die Postkutsche in Assens ein. Von hier aus sollte die Überfahrt über den Kleinen Belt vor sich gehen, aber fast alle Passagiere verzichteten vorläufig auf die Weiterfahrt. Nur Andersen, der keine andere Wahl zu haben glaubte, und drei Unentwegte vertrauten sich dem Fährboot an und wurden drei Stunden lang auf dem kaum zwei Meilen breiten Meeresarm her-

Von hier aus sollte die Überfahrt über den Kleinen Belt vor sich gehen.

Der Weg führte an der breiten Förde vorbei.

umgeschleudert, bis sie endlich gegen halb elf Uhr wieder festen Boden unter den Füßen fühlten.

„Ich lag ausgestreckt auf meinem Platz und entging auf diese Weise der Seekrankheit", schrieb Andersen, durch seine vielen Reisen daran gewöhnt, den Unbilden der Witterung und des Klimas auf mannigfache Weise zu begegnen, in sein Tagebuch. Mit der Postkutsche, die ebenfalls die Seereise gut überstanden hatte, ging es weiter nach Hadersleben, und erst am nächsten Morgen passierte man Apenrade. Der Weg führte an der breiten Förde vorbei, die sich im Morgennebel wie offenes Meer ausnahm. Am späten Vormittag kamen die Reisenden nach Flensburg, das Andersen zum ersten Male sah. Auf dem Postkontor riet man ihm dringend davon ab, die Reise noch am gleichen Tage fortzusetzen, da er vor Dunkelwerden nicht nach Dagebüll gelangen würde und wegen der Ebbe keine Mög-

lichkeit habe, nach Wyk übergesetzt zu werden. Das Wirtshaus in Dagebüll aber sei denkbar schlecht!

Er beschloss daher, in Flensburg zu übernachten, und stieg im besten Hotel, „Stadt Hamburg", bei Madame Döll ab. Seiner Gewohnheit gemäß besuchte er gleich seine Bekannten. Holsteins waren nicht anwesend, doch traf er die Familie Rieffel. Es kostete ihn allerhand Mühe, die freudig überraschten Rieffels davon abzubringen, alle ihre Freunde und Bekannten zusammenzutrommeln, um den Dichter zu begrüßen. Ein paar nahe Freunde des Hauses einzuladen, ließen sie sich jedoch nicht nehmen, und kurz darauf fanden sich der Dichter Pastor Aschenfeld mit einem geistlichen Kollegen und der zukünftige Schwiegersohn, ein zur Korpulenz neigender, etwas unsoigniert wirkender Jüngling mit losem Kragen namens Kuntze, ein. Letzterer versank völlig in den Anblick des Dichters, den er bewunderte.

Wilhelm Rieffel, Organist an St. Nikolai, benutzte eine sich bietende Gelegenheit, dem

Der Organist an St. Nikolai benutzte eine sich bietende Gelegenheit, dem Dichter seine Orgel zu zeigen, die sein ganzer Stolz war.

Andersen ließ es sich nicht nehmen, zum Hafen zu spazieren.

Dichter seine Orgel zu zeigen, die sein ganzer Stolz war und zu der man von einem Zimmer der Wohnung aus gelangen konnte. – Trotz des schlechten Wetters, es regnete ständig, ließ Andersen es sich nicht nehmen, zum Hafen zu spazieren, um doch einen kleinen Eindruck von Flensburg mitzunehmen. Zurückgekehrt, aß er zu Mittag bei den Rieffels und schenkte seinem Bewunderer Kuntze das „Bilderbuch ohne Bilder".

Um 6 Uhr nachmittags suchte er sein Lager auf und erwachte infolgedessen mitten in der Nacht, übrigens keineswegs zu zeitig, denn – so müde er auch war – bereits um 2 Uhr in der Frühe musste er mit Extrapost seine Reise fortsetzen, wenn er sicher sein wollte, rechtzeitig für die Fähre in Dagebüll

Plötzlich öffnete sie einen Schrank mit zwei Flügeltüren, aber nein, es war ein Wandbett.

anzukommen. Die Wege sollten ja, wie man ihm mitgeteilt hatte, in einem fürchterlichen Zustande, an gewissen Stellen nahezu unpassierbar sein.

Es war eine kühle Nacht, und den Dichter fröstelte auf dem offenen Wagen, als man aus Flensburg hinausfuhr. Die ganze Gegend lag übergossen von bläulichem Mondlicht. Sonst war es öde. Andersen dachte an den schrecklichen Sturm, der gerast hatte, und ihm graute vor der erneuten Überfahrt. Mancherlei Gedanken gingen ihm durch den Sinn, während sie durch die einsame Nacht fuhren. Alles umher schien ihm geheime Vorbedeutung zu bergen. Es war so still ringsum, nur ein einsamer Vogel schrie im Heidekraut, am Himmel jagten die Wolken dahin.

Im Morgengrauen kamen sie durch ein schlafendes Dorf. Ein Wirtshaus, aus dem trüber Lichtschein fiel, lag am Wege. Die Luft war noch kälter geworden. Im Übrigen musste man den Pferden Gelegenheit geben, sich zu verschnaufen. Sie kriegten Wasser und etwas Hafer, während der Kutscher den Dichter in die armselige Gaststube führte. Es war kein anheimelnder Anblick, der sich ihnen darbot. Auf dem rohen Holztisch standen halb geleerte Krüge und Gläser. Ein Talglicht blakte mit langem Docht in einem eisernen Leuchter. Eine schläfrige Dienstmagd erschien in einem unordentlich übergeworfenen Kleid und begann Feuer anzufachen, um den frühen Gästen einen Teller warmes Eierbier zu bereiten. Ihre Bewegungen waren indessen so schneckenhaft, dass man darauf verzichten zu müssen glaubte und die Erquickung bis zur nächsten Rast auszusetzen beschloss. Weiter ging die Fahrt. Zögernd wurde es Morgen, und jetzt erst sah der Dichter, wie prächtig die Heide blühte. Der Weg war unbeschreiblich. Stellenweise lagen Bretter auf dem Morast für die Fußgänger. Wieder passierten sie ein Dorf. Es war Stadum, wie auf einem schmutzigen Schild zu lesen stand. Menschen zeigten sich in der Frühe. Sie sprachen schlechtes Deutsch. Durch ein Fenster sah Andersen in eine niedrige Stube. Eine Frau ging drinnen umher. Plötzlich öffnete sie einen Schrank mit zwei Flügeltüren, aber nein, es war ein Wandbett, und darin lag ein kleines Kind. Nun hörte er die Leute dänisch sprechen.

„Ja, das können wir alle hier", bedeutete man ihm, „aber im nächsten Dorf, da fängt das Friesische an!"

Dort waren die Menschen nicht sehr höflich, schien es dem Dichter. Keiner grüßte. Bot man ihnen einen „Guten Tag", bekam man ein kurzes, mürrisches Nicken zur Erwiderung. Keiner nahm den Hut ab. – So lange wie irgend möglich war man auf der verhältnismäßig trockenen Geest geblieben, endlich aber gab es keinen Ausweg mehr. Die Marsch begann. Waren die Wege vorher schon schlecht gewesen, jetzt fuhr man nur noch durch aufgelösten Lehm. Tief sanken die Pferde ein. Schritt für Schritt ging es. Der Wagen schwankte wie ein Boot auf stürmischer Flut. Nun fuhren sie gar den Deich hinauf. Der Dichter schüttelte sich. Ihm schien, als müsse er jeden

Sie waren mit Flechten und Moos bewachsen.

Augenblick mit dem Fuhrwerk den steilen Hang hinabstürzen. Der Regen der vorhergehenden Tage hatte die ganze Gegend überschwemmt, sodass das Land zu beiden Seiten des Deiches einem lang gestreckten See glich. Ganze Kornfelder standen unter Wasser. Es fiel Andersen auf, dass die Häuser auf den verstreuten Warften, an denen sie vorbeikamen, alle aus gebrannten Ziegeln gemauert waren. Sie waren mit Flechten und Moos bewachsen und glichen durchaus nicht den breiten holsteinischen Bauernhöfen mit der großen Diele, die ihm von früheren Besuchen bei Rantzau auf Breitenburg vertraut waren. Alles hier sah viel ärmlicher aus, und dennoch lag ein eigener Reiz über dieser Landschaft, die mit

ihren starken Farben in dem klaren Tageslicht leuchtete.

Nach zehnstündiger Fahrt erreichten sie Dagebüll. Es war zwölf Uhr. Für die letzten beiden Meilen hatten sie fast vier Stunden gebraucht, und noch war der Dichter nicht am Ziel der Reise. Erschöpft von der langen

Nach zehnstündiger Fahrt erreichten sie Dagebüll.

anstrengenden Fahrt stand er vorläufig am Dagebüller Strand und wartete auf die Fähre. Vor drei Uhr nachmittags sollte sie nicht abfahren, erfuhr er und hatte somit gut Zeit sich umzuschauen.
„Dagebüll ist das erbärmlichste Loch auf der Erde!", schrieb er verbittert in sein Tagebuch und fügte grollend hinzu: „Unfreundliche Menschen!"
Um die lange Wartezeit zu verkürzen, begab er sich an den Deich. Ein Mann war dabei, die Böschung mit Stroh zu besticken.

Andersen ließ sich in ein Gespräch mit ihm ein und hörte, es geschähe dies, um das Abspülen der Grasnarbe durch die Wellen zu verhindern. Es müsse zwei- bis dreimal jährlich wiederholt werden. Er vernahm des Weiteren, dass das Dampfschiff, auf dem sich der Prinz von Hessen und ein russischer Fürst Menschow befunden hatten, während des gestrigen Sturmes beinahe gestrandet wäre, und dass Pastor Harms aus Kiel sich nicht an Land gewagt habe wegen des Wellenschlages.

Nach schrecklich langem Warten kam die Fähre. Ein Rudel Schafe wurde herangetrieben. Man packte sie mit harten Griffen in die Wolle und hob sie einzeln auf ein langes schmales Brett. Angstvoll blökend rutschten sie auf den Hinterbeinen nach vorn und sprangen mit einem gewaltigen Satz hinab in den Lastraum, wo sie sich zitternd aneinanderdrängten. Endlich wurden die Trossen losgeworfen, und das Boot legte ab. Nach einstündiger Fahrt sah Andersen die Strohdachhäuser Wyks zwischen grünen Bäumen auftauchen. Der erste Eindruck, anscheinend noch an Bord dem Tagebuch anvertraut, war günstig:

„Die Insel sieht freundlich aus, die Stadt reinlich!"

Viel später ergänzte er aus der Erinnerung sein erstes kurzgefasstes Urteil mit einer ausführlicheren Beschreibung:

„Die Stadt Wyck, die größte auf der Insel, wo die Bäder sich befinden, ist ganz hollän-

„Die Stadt Wyk… ist ganz holländisch erbaut, alle Häuser nur eine Etage mit Strohdach und Giebel."

disch erbaut, alle Häuser nur eine Etage mit Strohdach und Giebel, das Ganze zwar klein und gering, aber die vielen Fremden hier während der Badezeit, der ganze königliche Hof mit allem, was sich daran anschloss, gab eine Lebendigkeit, eine Sonn-

Der königliche Kammersekretär hatte ihm zunächst einmal Quartier beschafft, im gleichen Hause, in dem er selber wohnte.

tagsfestlichkeit, die insbesondere in der Hauptstrasse pulsierte. Nahezu in jedem Haus waren Fremde einquartiert, von allen Fenstern in Stuben und Giebeln schauten bekannte Gesichter, die dänische Flagge wehte, Musik erklang, es war, als käme ich mitten während eines Festes."

Tatsächlich waren es derart muntere und freundliche Bilder, die dem Dichter bei seiner Ankunft vor Augen traten und ihn gewissermaßen für die Mühsal seiner beschwerlichen Reise zu entschädigen trachteten. Seine Plagen waren aber noch keineswegs erschöpft. In der Tat, kaum dass er

seinen Fuß an Land gesetzt hatte, als zwei entzückende junge Damen auf ihn zueilten und in den Ruf ausbrachen:
„Andersen, Herr Andersen! Mutter, hier ist Andersen!“
Der Dichter geriet in die größte Verlegenheit. Er grüßte linkisch. Er war ja, wie bekannt, recht eigen mit seinem Äußeren, und es bereitete ihm Entsetzten, dass Damen seiner Bekanntschaft ihn in solcher Verfassung, im Reisekostüm, erschöpft und verkommen von der furchtbaren Tour, erblicken sollten. Auf die Rufe der jungen Mädchen blickte eine Dame aus dem Fenster einer Gästekammer, wie Andersen sich ausdrückt, und ihr Anblick machte ihn noch unglücklicher und verwirrter, als er ohnehin schon war. Es war die Herzogin von Augustenburg, eine seiner vielen Bewunderinnen, und die jungen Damen waren die jungen Prinzessinnen.
Inzwischen hatte Henning Sally, königlicher Kammersekretär und Bevollmächtigter im Büro des Hofmarschalls, der zufällig vorbeikam und den Dichter erblickte, sich seiner angenommen und ihm zunächst einmal Quartier beschafft, im gleichen Hause, in dem er selber wohnte, die gleichen Zimmer, die von Holten inne-

Er begab sich zum „Königshaus“ …

gehabt hatte, wie Andersen mit Zufriedenheit bemerkte.
Noch am Tage seiner Ankunft wurde er aufgefordert, den Abend beim Königspaar zu verbringen. Er war hocherfreut und stolz; die Strapazen, die kostspielige Reise, alles schien vergessen. Er begab sich zum „Königshaus“, einem stattlichen und geräumigen Gebäude, das Christian VIII. seit mehreren Jahren bewohnt und kürzlich von dessen Eigentümer, dem Konsul Nommensen, erworben hatte, um es, wie man hörte, vergrößern und verschönern zu lassen, wie denn auch das Haus in den Akten der Kopenhagener Kanzlei schon als „Das Königliche Palais in Wyck auf Föhr“ bezeichnet wurde.
Die folgenden Tage waren recht nach des Dichters Geschmack. Nicht ohne Selbstge-

fühl schrieb er darüber an Jonas Collin in Kopenhagen:
„Gleich nach meiner Ankunft wurde ich aufgefordert und war den ganzen Abend bei beiden Majestäten, die höchst gnädig waren; seitdem bin ich jeden Mittag zur Tafel gewesen und am ersten Tag hatte ich meinen Platz direkt gegenüber dem König und der Königin, die sich viel mit mir unterhalten haben. Jeden Abend bin ich dort mit den anderen, und zwei Vormittage habe ich am Frühstückstisch der Königin zugebracht, wo auch Graf Rantzau war. Ich habe meine Märchen dem König vorlesen müssen, und er sagt mir immer etwas Freundliches."
Er wäre jedoch nicht Hans Christian Andersen gewesen, wenn er nicht im gleichen Atemzuge mit dem ihm eigenen Trübsinn hinzugefügt hätte:
„Gott weiß, wie lang all dieser Sonnenschein währt, es scheint mir oft wie ein Traum, und sicherlich erwache ich bald!"
Hierin irrte sich der Dichter jedoch. Der königliche Sonnenschein hielt an. Ganz offensichtlich gefielen die Märchen dem König und der Königin über alle Maßen. Der König lachte oftmals herzlich, und immer wieder musste Andersen vorlesen und erzählen. „Die Nachtigall" und „Der Schweinehirt" machten dem König so viel Freude, dass sie an verschiedenen Abenden wiederholt werden mussten. Der Dichter hatte allen Grund, sich seines Erfolges wegen zu beglückwünschen. Indessen lag ihm selbst sein Märchenspiel „Die Blume des Glücks" weit mehr am Herzen. Erfolge auf der Bühne waren ja die ständige Sehnsucht seines Herzens, seitdem er als Knabe in Odense auf dem selbst gebauten Puppentheater seiner Fantasie die Zügel hatte schießen lassen. Nachdem nun „Der Unsichtbare auf Sprogö" und ganz besonders das Schauspiel „Der Mulatte" mit so viel Beifall aufgenommen worden waren, erhoffte er sich eine Wiederholung dieser ersten szenischen Erfolge von der „Blume des Glücks". In der ersten Bearbeitung hatte sie jedoch keine Gnade bei Professor Heiberg, dem einflussreichen Direktor des Königlichen Theaters, gefunden. Er hatte wesentliche Änderungen vornehmen müssen. Nun aber hatte die Königin ihn bereits am ersten Tage aufgefordert, am nächsten Vormittag bei ihr zum Frühstück zu erscheinen und das Manuskript mitzubringen. Sein Herz hüpfte vor Freude. Überhaupt war es ein gesegneter Tag gewesen.

Mit eisernen Ziffern steht darunter die Jahreszahl, wann sie gebaut sind.

Er hatte die Gelegenheit am Schopfe ergriffen und Sally seine Not wegen der großen Ausgabe für die Reise geklagt und die außerordentlich beruhigende Versicherung empfangen, dass ihm sowohl Reise als Aufenthalt ohne Zweifel vergütet werden würden. Ein Stein war ihm damit vom Herzen gefallen. Zufrieden und wohlgemut spazierte er langsam nach seiner Wohnung. Am nächsten Tage, es war ein Freitag, das Wetter war prachtvoll, machte Andersen Graf Rantzau einen Besuch. Auf dem Wege ließ er sich gut Zeit, um alles Neue bedachtsam in Augenschein zu nehmen. Wie immer schrieb er auch hier alle seine Beobachtungen gewissenhaft ins Tagebuch: „Hier in der Straße haben alle Häuser nur ein Stockwerk und einen Giebel, der auf die Straße hinausschaut. Mit eisernen Ziffern steht darunter die Jahreszahl, wann sie gebaut sind, im allgemeinen ist es über hundert Jahre her. Am Wasser entlang führt eine Allee mit jungen Bäumen.“

Nächste Seite: Am Wasser entlang führt eine Allee mit jungen Bäumen.

Cafe Steigleder

Um zwölf Uhr hatte er sich im Königshaus eingefunden. Die Herzogin mit ihren Töchtern und einige andere Gäste der Königin waren bereits anwesend. Andersen las den ersten Akt seines Märchenspiels und erntete reichen Beifall. Besonders beglückte ihn das Lob der Königin. Er dachte daran, dass er noch vor seiner Abreise von Glorup in seinem Brief an Jonas Collin, der der Direktion des Königlichen Theaters angehörte, diesem „Die Blume des Glücks" besonders ans Herz gelegt hatte, und frohe Hoffnung schwellte seine Brust.

Heiter und zufrieden schlenderte er über die Promenade mit dem merkwürdigen Namen „Sandwall" nach dem Badesalon, um dort an der Table d'hôte für den Preis von 20 Schillingen sein Mittagessen einzunehmen. Nicht einmal die Tatsache, dass er – obgleich anfänglich zur Tafel befohlen – nachträglich wegen Platzmangels eine Absage erhalten hatte, vermochte seine gute Laune zu trüben. Er speiste mit gutem Appetit und wurde erneut zur Tafel befohlen, sodass er an diesem Tage zwei Mal dinieren musste.

Später saß er an der Tafel neben dem Hofmarschall Godske von Levetzau, der ein Glas mit ihm trank, und wieder unterhielt Christian VIII. sich lange und leutselig mit ihm.

Am Abend war eine kleine Gesellschaft im Königshaus versammelt. Dem empfindsamen Dichter war es doch, als schwebe ein Missklang über diesem Zusammensein. Er wusste nicht, was es war, aber es bedrückte ihn. Einer der Gäste, ein Herr aus Hadersleben, spielte langweilig Klavier, eine junge Dame, die Tochter des Bürgermeisters von Oldesloe, sang dazu, es klang dünn und lächerlich. Man forderte Andersen auf, ein Märchen zum Besten zu geben, und er las „Däumelinchen", „Die Prinzessin auf der Erbse" und „Der standhafte Zinnsoldat". Gleichwohl fühlte er sich mit sich selbst unzufrieden. Alle seine gute Laune war verflogen. Trübselig wanderte er nach Hause.

Am nächsten Morgen – wie schnell doch die Tage vergingen – traf er auf der Promenade die Herzogin mit ihren Töchtern. Man lud den Dichter zum gemeinsamen Spaziergang ein, und wie so oft vorher bat ihn die Herzogin eindringlich, doch baldigst nach Augustenburg zu kommen. – Der Dichter war ständig verstimmt. Nun hatte er wegen dieses ganz außerhalb des Programmes liegenden Spaziergangs keine Visiten machen können und die wiederhol-

Heute fand jene Halligfahrt statt, zu der er eingeladen war.

ten Einladungen nach Augustenburg kamen ihm nicht sehr gelegen. Immerhin, auf die Dauer würde er sich ihrer kaum länger entschlagen können. Er erwog, dass die Rückreise über Alsen gelegt werden könne und dass er dann acht Tage in Augustenburg verweilen möchte, nun nachdem es aussah, dass ihm die Ausgaben für die Föhrer Reise erstattet werden würden.

„Gut" – sagte er sich – „acht Tage, auf keinen Fall länger! Und Trinkgelder wie der Kaiser von Russland gebe ich nicht!"

Im Übrigen musste er sich nun wirklich beeilen. Um zwölf Uhr sollte er an Bord sein, denn heute fand jene Halligfahrt statt, zu der er eingeladen war. Insgesamt würden fünfzig Personen, meist aus den Kreisen der Hofleute, daran teilnehmen. – Auch die

Mit dem königlichen Dampfschiff ging es kurz darauf nach Oland.

Herzogin erinnerte sich plötzlich dieses Ereignisses, und etwas formlos verabschiedete man sich.

Mit dem königlichen Dampfschiff „Kiel" ging es kurz darauf nach Oland, jener kleinen Hallig, an der man vorbeifuhr, wenn man mit dem Schiff von Husum nach Wyk reiste. Heute sollte man dieses seltsame Eiland nun aus nächster Nähe betrachten, ja sogar darauf umherwandern, die eigentümliche Hallignatur kennenlernen und ihre Bewohner besuchen. Etwa eine halbe Meile vor der Hallig musste das Dampfschiff des seichten Wassers wegen vor Anker gehen. Man ging in die Boote und wurde hinübergerudert. Das letzte Stück

legte man auf dem Rücken der Matrosen zurück, die unangefochten durch das gelbgraue Wasser wateten.
Andersen, der sich bescheiden zurückgehalten hatte, gelangte in das letzte Boot, das das Ufer erst erreichte, als der König sich schon anschickte, wieder an Bord des Dampfschiffes zurückzukehren. Der Dichter, der sich gefreut hatte, in diese seltsame und einsame Welt einzudringen, war außer sich vor Ärger und Enttäuschung. Er sprang über schmale Priele, in denen schmutziggelb das Wasser rieselte, und lief hastig über sumpfiges Marschland, um doch wenigstens ein paar flüchtige Eindrücke zu erhaschen. Er glitt auf dem glatten Lehmboden aus, beschmutzte seine Stiefel und stand plötzlich erhitzt und ganz außer Atem vor Christian VIII., der ebenfalls stehen geblieben war und den Dichter nun freundlich aufforderte, sich doch Zeit zu lassen, sich nicht mit dem Anblick des von den Fluten halb zerstörten alten Kirchhofs zu begnügen, dessen schaurig-erregendes Bild die meisten Besucher vor allem anderen angezogen hatte. Er forderte ihn vielmehr auf, in die Häuser hineinzugehen, mit den Leuten dort zu sprechen und sich alle die Eindrücke zu verschaffen, die seiner

Erfuhr, dass die meisten dieser Toten Seeleute gewesen seien.

dichterischen Arbeit von Nutzen sein könnten. Ein Boot solle zurückkommen und ihn abholen, wenn er fertig sei.
Beruhigt wanderte Andersen nun über die ganze Hallig bis zu dem gegenüberliegenden Ufer, wo die letzte Sturmflut ganze Teile der Böschung fortgerissen hatte. Hier an der niedrigen Abbruchkante machte er halt. Es war ein grauenvoller Anblick. Reste vermoderter Särge schauten unter der von den Wellen zerwühlten Grasnarbe hervor. Ringsumher lag menschliches Gebein. Man sagte dem Dichter, dass alles gesammelt und weiter landeinwärts aufs

Dicht drängten sich die Häuser wie schutzsuchend aneinander.

Neue begraben werden würde, bis das Meer auch dorthin gelangen und alles wieder an sich reißen würde. Er erfuhr, dass die meisten dieser Toten, deren Überreste hier am Strand zerstreut lagen, Seeleute gewesen seien, und dachte still bei sich:

„Sie sind begraben worden und werden doch früher oder später eine Beute des Meeres.“

Türen und Fenster waren mit kräftigen Farben bemalt. Sie leuchteten rot und grün. Dicht drängten sich die Häuser wie schutzsuchend aneinander.
Ach Gott!, dachte Andersen, hier haben sie gesessen während der Sturmflut und werden es wieder tun, wenn der Südwest zum Tanz aufspielt, und die langen, grauen, schaumbedeckten Wellen herangerollt kommen, wenn es pfeift und heult im Schornstein und Menschen und Vieh die enge Stiege zum Boden hinaufklimmen. Ja, auf Dächern und Dachböden hatten sie gehockt, hungrig und frierend, bis ein Boot von den Inseln sich zu ihnen hinübergewagt hatte mit Brot. Die ganze kleine Hallig hatte ja unter Wasser gestanden, wie schon so oft zuvor. – Am fernen Horizont konnte er ein Balkengerüst erkennen. Es glich einem Turm, und er ließ sich berichten, dass hoch oben darin ein Korb angebracht war mit Brot und Branntwein für die Schiffbrüchigen.
Er gab den Frauen und Mädchen, die sich versammelt hatten, um den Fremden zu betrachten, die Hand. Sie dankten ihm höflich für seinen Besuch. Eine Frau fragte, wer eigentlich die Herzogin wäre. Er erklärte es ihnen und sie erwiderten, dass ihr Pastor ihnen etwas Ähnliches gesagt habe.

Zurück zum Schiff ging es. Im Takt tauchten die Ruder ins Wasser, das trübgrau den Priel füllte. Kleiner und kleiner wurde das Bild der einsamen Warft. Noch eine Weile konnte man die Gruppe der Frauen erkennen. Sie winkten Lebewohl!

Andersen kam gerade zeitig genug zur Tafel. Der königliche Küchenmeister Casadaban hatte ein vorzügliches Diner bereitet:

Suppe mit Reis		Purée von Gemüse
Austern		Citrone
Gek. Goldbutt	Kartoffeln	2 Saucen
Geräucherter Aal	grüne Erbsen	Blumenkohl
Braten	junge Hühner	Salade
	Compote	
	Charlotte russe mit Vanille	
	Dessert.	

Auch die Lakaien, die Musiker und das Schiffsvolk hatten keinen Grund zur Klage. Wenn sie sich auch mit geringerer Kost begnügen mussten, erhielten sie doch ein schmackhaftes und kräftiges Essen:

Suppe mit Reis
Rindfleisch mit Gemüse
Gebratene Enten und junge Hühner.

An der Tafel saß Andersen zwischen den beiden Adjutanten vom See- beziehungsweise Landetat, Kommandeurkapitän C. C. Zahrtmann und Stabskapitän der Artillerie Henrik Fensmark. Letzterer hob just sein Glas, um diskret auf das Wohl des Dichters zu trinken, als der Zufall es wollte, dass im gleichen Augenblick das Wohl des Königs ausgebracht wurde. Es machte Andersen

Die letzten Strahlen der untergehenden Sonne vergoldeten das Meer.

viel Spaß, dass auf diese Weise auf sein Wohl und auf das des Königs gleichzeitig getrunken wurde, wenn auch nicht offiziell. Seine nächsten Tischnachbarn hatten es bemerkt, man sprach animiert darüber und nahm es als eine gute Vorbedeutung.

Als die Sonne unterging, wurde das Deck hastig geräumt und zum Tanzen hergerichtet, während das Schiff langsam durch das Halligmeer steuerte. Es war ein wirkliches Fest geworden. Alt und Jung tanzte und scherzte in fröhlicher Laune. Die Paare bewegten sich um den hohen Schornstein herum. Es sah prächtig aus. Wie ein gut arrangiertes Ballett, bemerkte der Dichter. Es war aber auch ein heiteres und bewegtes

Bild, das das Auge eines Künstlers entzücken musste. Zwischen den Tanzenden liefen die aufwartenden Lakaien umher und boten Erfrischungen an. Matrosen standen auf den Radkästen und loteten. Wenn die Musik einen Augenblick innehielt, hörte man die eintönigen Rufe, mit denen sie die Wassertiefe ansagten. Der Lotse stand auf der Brücke und schaute ernst auf das Meer hinaus, das die letzten Strahlen der untergehenden Sonne vergoldeten. Wenn sein Blick zu den Tanzenden zurückkehrte, lief ein Lächeln über sein von Wind und Wetter gegerbtes Gesicht.

Andersen hatte sich mit einem anderen nicht tanzenden Herren auf die Galerie begeben. Sie sahen auf die sich zu den Klängen der Musik drehenden und wiegenden Paare hinab. Der Generaladjutant des Königs, Generalmajor von Ewald, tanzte gerade mit der jüngsten Prinzessin von Augustenburg, der 11-jährigen Henriette. Auch der Hofmarschall von Levetzau war als Tänzer unermüdlich und offensichtlich in strahlender Laune. Im Vorbeitanzen winkte er zu Andersen hinauf. Eben trat eine Pause ein. Levetzau verneigte sich chevaleresk vor seiner Dame. Eine Sekunde später stand er vor dem Dichter und bat um ein Impromptu auf das Königspaar. Man war auf sie aufmerksam geworden und blickte nun erwartungsvoll zur Galerie hinauf. Andersen trat an die Brüstung und deklamierte:

*Fva Havet vi een Perle hjemad bringe**)
Erindrings Perlen fuld af Poesi,
Ved den vil dybt bevæget Hjertet klinge,
Mildt Kongeparrets Træk jo staaer deri!

Ein Hurra wurde ausgebracht. Kurz darauf trat die Königin zu Andersen, der noch in der Unterhaltung mit Levetzau begriffen war. Ihre Majestät war sichtlich bewegt und dankte dem Dichter mit herzlichen Worten. Das Gespräch kam unwillkürlich auf die Kunst des Improvisierens. Andersen hatte ja ein kleines Talent dafür und erfreute zuweilen seine Umgebung damit, wohl wissend, dass seine kleinen Gelegenheitsgedichte nur selten einer strengeren Kritik standhielten. Nun äußerte er der Königin gegenüber, wie viele Improvisationen in Bregentved entstanden seien.

„Aber da war ich ungeniert wie zu Hause", fügte er hinzu.

*) Vom Meere eine Perle heim wir bringen,
Die Perle der Erinnerung voller Poesie,
In ihr wird tief bewegt das Herz uns klingen
Mild stehn die Züge unseres Königspaars darin!

„Aber das, hoffe ich doch, sind Sie auch bei uns", erwiderte die Königin rasch. Man sprach über Reisen, und als der Mond langsam und blutrot aufstieg, machte Andersen die Königin darauf aufmerksam und sagte ernsthaft und jedes Wort betonend:

See, der et glødende Hjerte staae,)*
I Bølgerne fik det Daaben,
Men her de levende Hjerter slaae,
Hjerter i Danmarks Vaaben.

Auch diese Improvisation wurde mit Begeisterung aufgenommen. Noch eine kurze Zeit stand man in Gruppen in angeregter Unterhaltung zusammen, während das Schiff sich der Insel näherte. Das strahlende Fest ging zu Ende. Man wurde ausgebootet und landete direkt vor der Promenade. Ein kleiner Zwischenfall trat ein, als das Boot seiner Majestät auf einer Sandbank festsaß. Alles wurde aber mit guter Laune hingenommen, und in Gesellschaft des Arztes, Doktor Dahlerup, und des Grafen Reventlou, der von London eingetroffen war, spazierte Andersen zu seiner Behausung. Er war heute recht sehr mit sich

Man sprach über Reisen als der Mond langsam und blutrot aufstieg.

zufrieden. Alle, insbesondere der König und die Königin, aber auch die Herzogin waren außerordentlich freundlich und gütig gewesen. Für den Abend war er zum Tee gebeten und würde das Märchen vom Schweinehirten erzählen, das dem König so sehr gefallen hatte, dass er es immer wieder hören wollte.

Seine Majestät war in heiterster Laune und

*) Sieh, dort ein glühendes Herze steht,
In den Wellen erhielt es die Taufe,
Aber hier die lebenden Herzen schlagen,
Herzen in Dänemarks Wappen.

Andersen ging zum Gottesdienst in St. Nikolai.

fragte die Hofdamen Fräulein von Krogh und Fräulein von Rosen scherzend, ob es wirklich wahr sei, wie Andersen im Schweinehirten behaupte, dass sie sich nicht küssen lassen wollten. Der Dichter las darauf „Die Nachtigall", jenes Märchen, das dem König so lieb war, und Christian VIII. bemerkte ernst:
„Es geht ein guter Geist durch diese Erzählung!"

Levetzau und Rantzau schlossen sich dem Urteil des Königs an und sprachen noch lange angeregt über den tiefen Sinn gerade dieses Märchens. Der Violoncellvirtuose Kellermann spielte seine weichen, wiegenden Fantasien. Die Königin hatte den Dichter aufgefordert, sich zu ihr zu setzen, und erzählte ihm einen wunderlichen Traum, den sie gehabt hatte. Ihr habe geträumt, es sei der jüngste Tag gewesen und ein Engel habe gerufen: „Es ist Advent!" – Man sprach anschließend in froher Laune über gemeinsame Bekannte, und erst gegen 12 Uhr ging man auseinander.
Der Sonntag brachte leichten Regen. Andersen ging zum Gottesdienst in St. Nikolai. Es war noch früh, und er benutzte die Zeit, um den Kirchhof zu besuchen. Überall, wo er hinkam, zogen die Kirchhöfe ihn an. So ging er auch hier zwischen den Gräbern umher und betrachtete die eigenartigen alten Grabsteine mit den für die Insel so charakteristischen symbolischen Darstellungen und den ausführlichen Lebensbeschreibungen der Verstorbenen. Einige dieser Grabmäler schienen ihm einer Aufzeichnung wert. Besonders fesselte ihn ein Stein, dessen Vorderseite die Heilige Stadt darstellte. Christus trat heraus und emp-

Besonders fesselte ihn ein Stein …

fing eine Frau mit ihrem Kinde. Den Mann hielt sie abschiednehmend bei der Hand. Er führte die Kinder, das Kleinste klammerte sich an ihn. Ein anderer Stein zeigte einen Mann und eine Frau, die sich an der Hand hielten. Mit der freien Hand führten sie die Kinder, die eine lange Reihe bildeten, sie die Töchter, er die Söhne. Ihre Tracht war ganz verschieden von der jetzt üblichen. Sicher waren diese Steine über hundert Jahre alt.

Die meisten zeigten ein Schiff und erzählten damit, dass sie über dem Grab eines Seemannes errichtet worden waren. Nachdem er lange zwischen den Gräbern verweilt hatte, begann die Glocke zu läuten. Er ging in die Kirche hinein und sah, dass sie schon ganz mit Menschen gefüllt war. Pastor Nielsen hielt eine gute Predigt, schien es ihm, und er vermerkte es in seinem Tagebuch.

Um 1 Uhr fand er sich zum Frühstück bei der Königin ein, und Ihre Majestät füllte eigenhändig den Teller des Dichters. Auch die Herzogin war anwesend, und erneut wurde Andersen aufgefordert, nach Augustenburg zu kommen.

Für die Herzogin und ihre Töchter war es der letzte Tag auf Föhr gewesen, denn am nächsten Morgen, es war der 2. September, reisten die hohen Herrschaften ab. Andersen war um 5 Uhr aufgestanden, um sie an Bord zu begleiten. Trotz der frühen Stunde hatten auch der König und die Königin sich eingefunden. Den jungen Damen hatte Andersen galante Verse gewidmet, die unter dem Eindruck des Abschieds am Abend zuvor entstanden waren. Nun überreichte er sie mit einer tiefen Verneigung und erntete herzliche Dankesworte von Mutter und Töchtern.

An Prinzessin Augusta

*Imorgen naar de røde Skyer blaane,**)
Og Skibet flyver over Bølgen hen
En Ædelsten er tabt af Glædens Krone,
Kan vel Erindringen erstatte den!

An Prinzessin Amalia

*Som Dandsens Toner svinder Livets Lykke,***)
Et Rosenblad paa Tidens raske Strøm,
Imorgen Dandsen mindes som dens Psycke!
Men borte er hun – som en dejlig Drøm!

Es war ein unvergleichlich schöner Sommertag geworden, wie man ihn gerade Anfang September nicht selten an der Nordsee erleben kann. Die Sonne strahlte von einem wolkenlosen Himmel, und der Dichter benutzte die frühen Vormittagstunden, um an Jonas Collin und einige andere Mitglieder der Familie zu schreiben, in deren Schoß er sein eigentliches Heim gefunden hatte. Dann fuhr er frohgemut mit dem

*) Morgen, wenn die roten Wolken blauen
Und das Schiff fliegt über Wellen hin,
Ist ein Edelstein verloren aus der Freuden Krone,
Kann Erinnerung ihn uns erstatten – nein!
**) Wie des Tanzes Töne schwindet des Lebens Glück,
Ein Rosenblatt auf dem schnellen Strom der Zeit,
Morgen bleibt nur die Erinnerung an Psyche
Von dem Tanz zurück, Aber fort ist sie – wie ein schöner Traum!

Er ging in die Kirche hinein und sah, dass sie schon ganz mit Menschen gefüllt war.

Wagen hinaus und nahm ein Bad in dem prachtvoll salzigen Wasser. Es war unendlich wohltuend und erquickend. Später saß er an der Tafel neben Doktor Christiani aus Lüneburg, einem eifrigen jungen Liberalen, den Heinrich Heine, mit dessen Kusine er verheiratet war, seiner oppositionellen Haltung gegen König Ernst August von Hannover wegen, scherzeshalber den Mirabeau der Lüneburger Heide genannt hatte. Die Herren freundeten sich schnell miteinander an, waren von nun an täglich zusammen und wechselten Gedichte aus. Es war ein glücklicher Tag gewesen, schien es Andersen, als er sich abends zur Ruhe legte. Er schrieb es in sein Tagebuch und fügte aus ganzem Herzen ein „Gott, ich danke dir!“ hinzu.

Bereits am Morgen des nächsten Tages stattete er seinem neuen Freunde Christiani einen Besuch ab und erfuhr, dass dieser sich dafür einsetzen wolle, dass der König etwas mehr für den Dichter täte. „Alle erwarten es!“, rief er pathetisch aus. – Um 12 Uhr war der Dichter wieder am Frühstückstisch der Königin und erhielt die Erlaubnis, den letzten Akt seiner „Blume des Glücks“ vorzulesen. Man sprach anschließend über Geistererscheinungen, jenes beliebte Thema des 18. Jahrhunderts, auf das auch das 19. nicht verzichten zu wollen schien. Am Nachmittag wurden Besuche gemacht, zum Mittag nahm er an der Tafel teil und verbrachte den Abend wieder in Gesellschaft des Königspaares. Ein Gedicht auf den Namen der Königin und ein weiteres über die Anfangszeile eines bekannten dänischen Volksliedes improvisiert wurden mit Beifall aufgenommen.

Es war unruhiges Wetter an diesem Abend, und die kleine Gesellschaft trat an die Fenster, die auf den Strand hinausgingen. Ein ungewöhnliches Naturschauspiel bot sich ihnen. Der Mond war ganz rot und von Nebel und Wolken verhüllt. Es sah merkwürdig aus und schien Unheil zu verkünden. Das Leuchtfeuer vom Hafen war kaum zu erblicken. Die Wellen schlugen kräftig gegen das Ufer. Es sprühte wie Champagner.

Der König sprach davon, wie prächtig es ausgesehen habe während der Tafel.

Die offiziellen Visiten waren nahezu alle überstanden. Ein letzter Besuch heute Vormittag galt den Hofdamen. Bei Fräulein von Krogh erhielt der Dichter Biernatzkis Roman „Die Hallig“, dessen Naturschilderung, hier an Ort und Stelle gelesen, ihn mit

Die Wellen schlugen kräftig gegen das Ufer. Es sprudelte wie Champagner.

Bewunderung erfüllte. Auf dem Rückweg traf er den Landvogt, Herrn von Dorrien, der sich ihm anschloss. Während des gemeinsamen Spaziergangs erhielt Andersen eine Reihe weiterer Aufschlüsse über die Halligen, die er gewissenhaft in sein Tagebuch eintrug. Es war doch eine merkwürdige Welt, mit der er hier in Berührung gekommen war, wohl wert, sich näher damit zu beschäftigen. Der Gedanke, eines seiner kommenden Werke sich auf diesem, dem breiten Publikum in Dänemark so gut wie gänzlich unbekannten Schauplatz abspielen zu lassen, begann Form anzunehmen. Dorrien erzählte weiter; wie auf Oland sei es auch auf den anderen kleinen Inseln, die der Landvogt ihm jetzt zeigte und namhaft machte. Am Horizont lagen sie und schwammen wie kleine Archen auf dem Wasser. Dort streckte sich Langeneß-Nordmarsch und dahinter konnte man gerade noch schwach die Konturen von Hooge erblicken. Noch manch kleine Hallig versteckte sich dort: Habel, Apelland, Süder- und Norderoog und wie sie alle hießen. Man hatte sie ja bereits kürzlich während der Halligfahrt von Weitem gesehen, als man mit dem Dampfschiff mitten durch diesen Archipelagus hindurchgefahren war, aber teils hatte der Ball an Deck die Aufmerksamkeit in Anspruch genommen, teils hatte die hereinbrechende Dämmerung die Sicht behindert. Auf allen waren die Häuser auf Warften erbaut, um sie vor den Fluten zu schützen. Auf Oland, das man kürzlich besucht hatte, gab es sogar Kühe, auf den anderen nur Schafe. „Das Wasser rund herum ist arm an Fischen", erzählte Herr von Dorrien, „bei Sturm spritzt es hoch zu den Fenstern hinauf. Aber die Bewohner sitzen ruhig drinnen und lassen es sich nicht anfechten. Da muss es schon schlimmer kommen", fügte er lächelnd

hinzu. „Sie spinnen ruhig weiter. Sie sprechen miteinander in ihrer eigenen Sprache, es ist Friesisch, verwandt mit dem Englischen", erklärte er belehrend. „Sie schlafen in Wandbetten, die von außen wie ein Schrank aussehen und inwendig mit geflochtenen Matten bekleidet sind. Bei

Am Horizont lagen sie und schwammen wie kleine Archen auf dem Wasser.

Hochwasser kann es geschehen, dass ein Schiff des Nachts direkt auf solch ein einsames Hallighaus zutreibt, weil das Licht aus dem Fenster wie eine Schiffslaterne aussieht und den Eindruck erwecken kann, es handle sich um ein Fahrzeug, das auf dem Wasser treibe." An gewissen Stellen sollte es auch jenes unheimliche und gefährliche Phänomen, Quiksand benannt, geben, das den Unglücklichen, den sein unvorsichtiger Fuß dahin geführt habe, wie ein Mahlstrom rettungslos in die Tiefe ziehe. Der Dichter

Er sprach von den Walfischknochen, die sich hier auf den holzarmen Inseln befänden.

lauschte mit dem größten Interesse. Herr von Dorrien erzählte weiter von den Kapitänen, die von hier auf Grönland fuhren und die man Kommandeure nannte. Er sprach von den Walfischknochen, die sich hier rund herum auf den holzarmen Inseln befänden und die wie große ungeschlachte Pfähle aussähen. „Betrachtet man sie nahebei, sieht man jedoch, dass sie an der einen Seite flach sind und innen bereits zu vermodern anfangen. Hier in den Gärten in Wyk gibt es mehrere, und vor der Stadt auf einem Acker ist ein ganzer Zaun daraus hergestellt." Er berichtete von den Frauen

Er berichtete von den Frauen und ihrer alten Volkstracht …

und ihrer alten Volkstracht, erklärte dem Dichter, dass man die Verheirateten an dem roten Tuch unter der turbanartig geschlungenen Kopfbekleidung erkenne und dass die Mädchen stattdessen nur das in Flechten um den Kopf gelegte Haar trügen. Es war in der Tat sehr interessant, dies alles zu erfahren, dachte Andersen, er würde es unbedingt in einen neuen Roman hineinflechten.

Das Wasser sah heute grau und unklar aus. Es war Ebbe. Er war eben in sein Zimmer zurückgekehrt, als Besucher sich anmelden ließen. Es waren Generalmajor von Ewald

und Graf Rantzau, die seine Visiten erwiderten. Etwas später kamen Doktor Nagel aus Altona und von Levetzau hinzu.
Während der Tafel bat ihn die Königin, doch am Abend wieder etwas vorzulesen. Vorerst hatte er doch noch einen offiziellen Besuch bei Pastor Westengaard abzustatten. Wieder fiel es ihm auf, wie holländisch die Häuser doch anmuteten. Er hatte etwas Ähnliches auf alten Malereien gesehen. – Die Stube, in der Pastor Westengaard ihn empfing, glich aufs Haar den anderen Föhrer Stuben, die er gesehen hatte: auch hier die vielen Wandschränke, die mit Fliesen gekachelten Wände, der Beileger mit den blanken Messingknöpfen und in der Mitte darauf der Stülp, unter den man den Kaffeekessel setzte, um ihn warmzuhalten, und der gleichzeitig als Schmuck diente.
Nachmittags gab es einen jener häufigen kleinen Bälle im Badesalon. Es war ein hübsches Bild, und Andersen genoss den Anblick der vielen modisch gekleideten Damen mit ihren Kavalieren. Am Abend erzählte er dem Königspaar und dessen Gäs-

Die Stube, in der Pastor Westengaard ihn empfing, glich aufs Haar den anderen Föhrer Stuben.

ten aus dem „Bilderbuch ohne Bilder“ und las anschließend „Des Kaisers neue Kleider“ und „Das Märchen vom unartigen Knaben“.

Es kam der 5. September und damit in aller Stille ein denkwürdiges Jubiläum für den Dichter. In Wirklichkeit irrte er sich allerdings um einen Tag. Tatsächlich war es am 6. September vor 25 Jahren gewesen, als er, ein armer und unbekannter Knabe, nach Kopenhagen gekommen war, um sein Glück zu machen. Ihm war so eigen zumute. In Gedanken sah er sich wieder mit dem kleinen Bündel, das die Mutter ihm gepackt hatte, die Postkutsche besteigen. Es war ein wunderschöner, sonniger Nachmittag gewesen, und der Postillon hatte lustig in sein Horn geblasen, aber ihm selbst war das Herz so schwer, so schwer gewesen. Er erinnerte sich der freundlichen Madame, die ihm gegenübergesessen hatte, und der er sein Herz ausgeschüttet und seine Zukunftspläne anvertraut hatte: „Erst muss man so schrecklich viel durchmachen, aber dann wird man berühmt!“

Wie viel war doch seitdem geschehen! Die Vorsehung, auf die er blind vertraute, hatte ihn so weislich geführt und beschützt. Sie würde ihn auch weiterhin leiten. Er durfte ruhig der Zukunft entgegensehen. Er setzte sich hin und schrieb an den Freund Edward Collin im fernen Kopenhagen:

„Heute sind es gerade 25 Jahre her; welch wunderbare Fügung! Mir ist so seltsam weich ums Herz dabei; vor 25 Jahren kam ich mit meinem kleinen Bündel nach Kopenhagen, ein armer, fremder Knabe, und heute habe ich meine Schokolade bei der Königin getrunken, an der Tafel saß ich ihr und dem Könige gerade gegenüber, Rantzau trank auf mein Wohl und auf das Wohl des Tages, ist es nicht seltsam zurückzudenken, mein lieber, lieber Freund!“

Er besuchte anschließend Christiani und Levetzau und sprach mit ihnen über die Bedeutung dieses Tages. Er war so sehr davon erfüllt, er konnte nicht schweigen, musste vor jemandem sein Herz ausschütten. Um 1 Uhr war er bei der Königin zum Vorlesen. Sie bat ihn, später, wenn sie in Kopenhagen sein würden, ihr doch seinen „Ahasverus“ vorzulesen. Nach Hause gekommen, schrieb er ein kleines Gedicht für Christiani, der ihn selbst so fleißig mit den Erzeugnissen seiner Muse bedachte. Bei der Tafel tranken Rantzau und Fräulein von Rosen ihm zu. Pastor Westengaard erwiderte seinen Besuch und gratulierte ihm herzlich zu diesem so bedeutungsvollen Tag. Auch Christiani fand sich ein und überbrachte ein Gedicht als Angebinde. Andersen vertraute ihm einen Brief an Frau von Eisendecker an, jener geistreichen und liebenswürdigen Dame, in deren gastfreiem Haus in Oldenburg er während seiner vorjährigen Deutschlandreise verweilt hatte.

Die Königin hatte von seinem Jubiläum gehört und dem König davon Mitteilung gemacht. Jetzt erschien Seine Majestät bei dem Dichter und beglückwünschte ihn mit herzlichen Worten zu allem, was er überwunden und erreicht hatte. Er gab seiner Freude Ausdruck über die Anerkennung, die dem Dichter zuteilgeworden war, und fügte hinzu, dass er von Christiani, den er in Audienz empfangen hatte, gehört habe, wie sehr man Andersen schon in Deutschland schätze und dass man ihm dort bereits als einem berühmten Dichter huldige. Es sei ihm eine besondere Freude gewesen, sagte der König, das alles von Fremden bestätigt zu bekommen.

Am Abend, während des Konzerts, trat der König noch einmal zu Andersen hin und fragte ihn unter anderem nach seinem ersten Auftreten in Kopenhagen. Der Dichter schilderte ein paar charakteristische Episoden aus der ersten, schweren Zeit in der dänischen Hauptstadt, damals, als er bei allen möglichen bekannten Persönlichkeiten eingedrungen war und durch Rezitation, Gesang und Tanz versucht hatte, ihre Aufmerksamkeit auf sein Talent zu lenken, um sich Protektion zu verschaffen. Der König lachte, wurde dann wieder ernst und fragte, ob er nicht irgendwelche festen Einkünfte habe.

Andersen erwiderte:

„Ich habe 200 Species, die mir Frederik VI. gegeben hat und die Eure Majestät mich haben behalten lassen, wofür ich danke."

„Das ist nicht viel", sagte der König.

„Aber ich brauche nicht viel. Außerdem geben mir meine Arbeiten etwas."

„Wie viel ungefähr?"

„12 Reichstaler für den Bogen."

„Das ist auch nur wenig."

Andersen schwieg. Er fühlte, dass hier eine Gelegenheit gekommen war, aber er fand es furchtbar, sagen zu sollen: „Wollen Sie mir denn etwas mehr geben?"

Der König schien zu warten. Als Andersen beharrlich schwieg, sagte er nach einer Weile:

„Wenn ich Ihnen zu irgendeinem Zeitpunkt von Nutzen sein kann, um Ihre literarische Arbeit zu fördern, dann sagen Sie es mir!"

Andersen antwortete:

„In diesem Augenblick habe ich nichts, um das ich bitten könnte! Ich möchte einzig Eurer Majestät sagen, dass ich dankbar bin und froh!"

Graf Rantzau, den er in der Nacht nach Hause begleitete, meinte zwar, der König habe ihm ja ganz offensichtlich den Wunsch in den Mund gelegt. Andersen erwiderte darauf, er hätte es nicht über die Lippen bringen können. Er sei hier als Gast des Königspaares, so viel Huld und Freundlichkeit wäre ihm erwiesen worden, und nun solle er gleich die Gelegenheit am Schopf ergreifen und noch etwas mehr erbitten, nein und aber nein! Das wäre widerlich und begehrlich gewesen.

Rantzau lächelte sein feines Diplomatenlächeln, er reichte dem Dichter die Hand:

„Ich muss Ihr Feingefühl loben", sagte er zum Abschied, „wenn sich die Gelegenheit bietet, werde ich versuchen, mich Ihrer Sache anzunehmen. Gute Nacht, mein Freund!"

Andersen wanderte durch die stille Nacht zu seiner Wohnung zurück. Er war nicht ganz mit sich im Reinen. War es wohl verkehrt gewesen? Auch Sally schien es ja, er hätte versuchen sollen, 100 Reichstaler jährlich herauszuschlagen. Ach ja, diese Höflinge wussten darauf zu laufen. Er war, ohne sich dessen bewusst zu werden, stehen geblieben. „Nein, nein!", sagte er in Gedanken laut vor sich hin, „ich kann doch nicht mit meinen Gefühlen Handel treiben!" – – „Wenn der König mir hätte mehr geben wollen, dann hätte er es wohl von selber getan", schrieb er noch gegen Mitternacht an Edward Collin.

Die Königin erhielt einen Brief von der Herzogin, und darin wurde der Dichter an sein Versprechen erinnert. Nun näherten die Wyker Tage sich ja ihrem Ende. Am 6. September hatte man ein ländliches Fest arrangiert. Andersen spazierte in Gesellschaft von Christiani und einem Flensburger Herren namens Möller den Sandwall hinab, um das große Zelt und den Tanzplatz zu betrachten, die man zwischen Hafen und Strand errichtet hatte. Die Flaggen wehten bereits lustig im Wind. Später, als er zum Baden gefahren war, traf er Seine Majestät, und während der Tafel war auch der Statthalter von Schleswig-Holstein, der Prinz von Noer, angekommen. Am Nachmittag fuhr das Dampfschiff mit Passagieren nach

Helgoland. Sie wurden von Matrosen in die Boote getragen, die unruhig auf den Wellen tanzten. Vom Hafen tönte Musik, es waren die böhmischen Musikanten, die unter Leitung ihres Generalissimus Jacob Understab zum Tanz aufspielten.

Es war ein wunderschöner, herbstklarer Abend geworden. Auf dem Festplatz herrschte reges Leben. Bauernmädchen und Bürgertöchter tanzten mit Seeleuten und Bauernjungen. Es gab da einen Tanz, der mit einem Kuss begann und endete. „Kein Mädchen darf ihn abschlagen, es wäre eine Beleidigung!", versicherte man dem Dichter. Andersen führte Christiani zum Strand hinab. Ein bezaubernder Anblick bot sich ihnen dort. Es war Meeresleuchten, und die langen, gegen den Strand rollenden Wogen schimmerten wie Feuer. Es war, als ob das Meer selbst gewitterte. Ein einsamer Stern strahlte vom nachtblauen Himmel. Sein Schein spiegelte sich im Wasser. Wie eine schmale silberne Brücke erschien es dem Dichter. Er lief zurück, fand Kammerherr von Rosen und zog ihn mit sich an den Strand. Auch er sollte dieses zauberhafte Naturschauspiel genießen. Als man sich endlich davon losriss und auf den Festplatz zurückkehrte, traf Andersen den Statthalter, der seine Hand ergriff und ihn aufforderte, doch auch ihn einmal zu besuchen auf Noer.

„Auch bei uns gibt es schöne Mädchen!", lachte er und nickte dem Dichter zu.

Nachher, Andersen hatte sich dem Königspaar angeschlossen, als die Majestäten das Fest verließen, saß man wieder im Salon des Königshauses beisammen. Andersen las vor, die Königin hatte um eines der Mondbilder gebeten. – Als er zum Schluss „Das sterbende Kind" vortrug, herrschte langes Schweigen. Alle Zuhörer waren aufs Tiefste ergriffen.

Trotz eines aufziehenden Gewitters ließ der Dichter sich am nächsten Tage nicht abschrecken und fuhr unter rollendem Donner mit Dr. Nagel und Graf Holck zum Baden. Glücklicherweise klarte es später auf und wurde wieder heiter, denn am selben Tage sollte die Lustfahrt nach Amrum vor sich gehen, zu der man den Dichter eingeladen hatte, damit er auch die Dünenlandschaft der Nachbarinsel kennenlernen könne. Ein kleiner, ganz unbedeutender

Nächste Seite: Trotz eines aufziehenden Gewitters ließ der Dichter sich am nächsten Tage nicht abschrecken.

Vorfall verstimmte Andersens empfindliches Gemüt und hätte ihm fast den ganzen Ausflug verdorben. Er war in das Boot des Königs gestiegen, um an Bord des Dampfschiffes zu gelangen. Etwas später kam Kommandeurkapitän Zahrtmann und erzählte, Seine Majestät habe gefragt, warum Andersen nicht früher mit Blücher zusammen an Bord gegangen sei. Er habe darauf erwidert, der Dichter wolle eben immer der Sonne nahe sein! Andersen ärgerte sich sehr darüber, glaubte, Zahrtmann hätte seine Äußerung getan, um ihn lächerlich zu machen, und setzte sich abseits von den anderen auf eine Tonne. Er schwieg und sah aufs Meer hinaus. Nach einstündiger Fahrt erreichten sie Amrum. Es war Ebbe geworden. In der Ferne sah man zwei Wagen, die über das Watt von Amrum nach Föhr fuhren, ein dritter Wagen fuhr in entgegengesetzter Richtung. Es sah merkwürdig und unwirklich aus, fast so, als schwebten sie durch die Luft. Ihre Konturen wirkten wie immer hier im Bereich des Wattenmeeres ganz unwahrscheinlich groß. Der Dichter wurde an Land getragen. Er war es nachgerade gewohnt geworden, sich den kräftigen Schultern der Matrosen anzuvertrauen. Hier an der Nordsee mit

dem ewigen Wechsel der Gezeiten war es notwendig, denn niemandem fiel es ein, sich der Schuhe und Strümpfe zu entledigen, um selbst durch das seichte Wasser zu waten. Bei der heutigen Fahrt handelte es sich im Grunde um eine Jagdpartie. Sie galt den wilden Kaninchen, von denen es hier eine

Andersen ging auf die Jagd nach Aussichten und wanderte er in den Dünen umher.

Menge geben sollte. Während der König sich dergestalt vergnügte, ging Andersen, seinen eigenen Worten nach, auf Jagd nach Aussichten. Zusammen mit dem Statthalter und Bille, denen sich auch Haxthausen und der junge Rist anschlossen, wanderte er in den Dünen umher. Wie ein riesenhafter Kirchhof in übermenschlichen Dimensionen kam es ihm vor. Gerade vor ihnen stieg eine Düne empor wie eine Pyramide. Sie gingen darauf zu. Wie eine Wanderung in der Wüste war es. Am Strande hatten die Wellen ein seltsames Rankenwerk im harten, noch feuchten Ufersand hinterlassen. Es sah aus, als wäre der Sand mit großen runden Buchstaben einer unbekannten Schrift beschrieben. Als sie die hohe Düne erreicht hatten, lag endlos das Watt vor ihren Blicken. Weit draußen an der Kimmung schimmerte im Sonnenglast das offene Meer. Aber vor ihnen dehnte sich meilenweit nur Sand. Hier und dort umspannten Wasserarme eine Sandinsel. Zwei kleine Fahrzeuge lagen auf der Seite wie tote Fische. Ein Wrack in der Ferne verstärkte den Eindruck der Verlassenheit. Schwach konnte man draußen das Balkengerüst erkennen, das den Korb mit Brot und Wasser für die Schiffbrüchigen barg.

Nach einer Weile gingen sie weiter. Die Möwen schrien. Wie Kinderweinen klang es. Mitten in all dem Sand tat sich plötzlich ein Tal auf, das mit einer rotgrünen Pflanze bedeckt war. Wie eine Rosenplantage, dachte der Dichter. Ermüdet von der Wanderung durch den Sand, setzten sie sich endlich an den Abhang einer Düne. Die Sonne brannte wie Feuer. Die Landschaft hatte etwas Trauerndes. Irgendwie erinnerte sie an Grönland mit dem schwarzgrünen Gras, den dunklen Häusern und den Sylter Dünen, die wie Gletscher leuchteten, wenn die Sonne darauf schien. Drunten ging Vieh auf einer dunklen, halb überschwemmten Weide.

Auf der Rückfahrt kam der König zu Andersen, der an der Reling stand. Er sah die Blumen an, die der Dichter gepflückt hatte. Es waren anspruchslose Gewächse, einer kargen Natur entsprossen und doch von einer eigenen schwermütigen Schönheit. Sie standen eine Weile schweigend. Vor dem Schiff tummelte eine Schar Delfine sich in munterem Spiel. Als man sich Föhr näherte, sagte der König mit einem leichten Seufzer:

„Ach, dass die schönen Tage jetzt vorbei sind!“

Er sprach darauf freundlich mit Andersen über alles, was er gesehen habe und was ihm selbst ohne Zweifel so lieb und wert war. Er lächelte dazwischen etwas wehmütig. Es war so ganz offensichtlich, dass ihm selbst der Abschied schwer wurde. Er war so persönlich, so liebenswürdig, dem Dichter wurde das Herz weit. Ja, es waren schöne Tage gewesen voller Erlebnisse und Eindrücke, und nie noch hatte er sich dem König und der Königin so nahe und so verbunden gefühlt. Er dachte mit einem Lä-

Vor ihnen dehnte sich meilenweit nur Sand.

cheln an die Wagentour zurück, an der er teilgenommen hatte, weil die Königin den Wunsch geäußert hatte, er möchte auch die Dörfer kennenlernen. Durch die ganze Insel war man gefahren mit Hü und Hott und munterem Peitschenknall. Im ersten Wagen hatte die Königin mit Graf Rantzau gesessen, der König folgte im nächsten mit Fräulein von Rosen, und Andersen hatte mit dem jungen von Linstow im dritten den Schluss gemacht. Es war sehr vergnüglich gewesen, und mit viel Anstand hatten Andersen und Linstow versucht, die vielen ehrerbietigen Grüße und Verbeugungen entgegenzunehmen, die ihnen überall erwiesen wurden, wo die lustig dahinrollenden Wagen erschienen, „als wären wir Prinzen alle beide“.

Die Königin hatte den Wunsch geäußert, er möchte auch die Dörfer kennenlernen.

Um 8 Uhr ging man zur Tafel. Es war ein anstrengender Tag gewesen. Die Jäger hatten 4 Kaninchen erlegt, Seine Majestät zwei davon. Um ½ 9 Uhr bat der Dichter, sich zurückziehen zu dürfen. Jetzt lag er in seinem Bette in der niedrigen Föhrer Stube und dachte noch einmal an die Erlebnisse der letzten Tage zurück. Ja, es waren wirklich schöne und inhaltsreiche Tage gewesen. Er bedauerte nicht, die Reise angetreten zu haben. Seine Ausgaben hatte er ersetzt bekommen.

„Ja, mehr als das!", murmelte er schon fast im Schlaf. Auf dem Nachttisch lag seine Börse mit den 100 Reichstalern, die

„Es ist auch vergnüglich arrangiert. Man kommt in ein kleines Badehäuschen …“

das Hofmarschallamt ihm heute ausgezahlt hatte.

Der Tag vor seiner Abreise war gekommen. Es war sein zweiter Sonntag auf Föhr. In morgendlicher Frühe hatte er schon sein gewohntes Bad genommen. Es würde schwer werden, diese tägliche Erfrischung nun entbehren zu müssen. Seitdem er am 2. September zum ersten Mal im Meer gebadet hatte, war er begeistert gewesen. Er hatte jedes Bad gewissenhaft in seinem Almanach vermerkt und kürzlich Edward Collin ausführlich darüber berichtet:

„Ich habe jeden Tag gebadet, und ich muss sagen, es ist das unvergleichlichste Wasser, in dem ich gewesen bin. Es ist so salzig, dass

die Tränen einem aus den Augen laufen, wenn man heraufkommt. Das Blut wird in die wunderbarste Bewegung versetzt, man brennt den ganzen Tag wie Feuer.
Es ist auch vergnüglich arrangiert, man kommt in ein kleines Badehäuschen hinein und während man sich auszieht, reitet ein Knecht ein Pferd, welches das ganze Haus weit ins Meer hinauszieht. Wenn dieses steigt, wird man hereingeholt; neulich kam die See so schnell, dass die Wellen direkt zu mir hereinschlugen. Ich musste die Flagge setzen, um den Knecht zu veranlassen, mich weiter hereinzuholen."
Nun fuhr er nach dem Bad zur Kirche und saß während des Gottesdienstes im Stuhl der Hofkavaliere. Das Frühstück nahm er wieder am Tisch der Königin ein. Bei der Abschiedsaudienz waren beide Majestäten sehr gnädig. Die Königin schenkte ihm einen kostbaren Ring und gab ihm das Versprechen, dass man sich in Kopenhagen von jetzt ab öfter sehen werde. Der König versicherte dem Dichter nochmals, wie sehr es ihn gefreut habe, dass er nach Föhr gekommen sei, und dass er erwarte, ihn bald in Kopenhagen bei sich zu sehen.
Bei der Tafel wurde Andersen mitgeteilt, dass die deutschen Badegäste am vorhergehenden Tag an der Table d'hôte des Badehotels auf das Wohl des Königs und der Königin und auf das des Dichters getrunken hätten. Christiani hatte den Trinkspruch ausgebracht, und Sally hatte in wohlgesetzten Worten auf Deutsch in Andersens Namen dafür gedankt.
Am Abend, den Andersen beim Königspaar zubrachte, forderte die Königin ihn auf, am nächsten Tage mit ihnen an Bord des Dampfschiffes zu gehen und gemeinsam nach Dagebüll zu fahren. Andersen war sehr erfreut und daher etwas enttäuscht, als Kellermann, der nicht eingeladen worden war, ihm Vorwürfe machte. Die beiden Herren hatten sich verabredet, gemeinsam nach Flensburg zu reisen. Es passte Kellermann aber gar nicht, dass er morgen in Dagebüll sitzen solle und auf den Dichter warten könne, bis das Dampfschiff mit dem Königspaar ankomme. Andersen sah daher keinen anderen Ausweg, als auf das Angebot der Königin zu verzichten. Es glückte ihm, Fräulein von Rosen dazu zu bewegen, ihn bei der Königin zu entschuldigen. Sie entledigte sich ihres Auftrages mit Geschick und überbrachte dem Dichter die Wünsche des Königspaares für eine glückliche Reise.

Am Montag gingen Dichter und Musiker an Bord der kleinen Fähre. Es war aber ein solcher Gegenwind, dass man stundenlang bis hoch unter Oland kreuzen musste. Andersen war mit Recht verärgert. Seine Beobachtungen trugen den Stempel seiner schlechten Laune. Alles und alle ärgerten ihn. Pastor Westengaard schien ihm lächerlich in der Rolle des zufriedenen Geistlichen, wenn er seine Frau zudeckte, die seekrank geworden war, obgleich sie als Gegenmittel an Rosen roch und sogar davon an Bedürftige austeilte. Es war nach 10 Uhr, als man endlich Dagebüll erreichte. Auf dem Deich standen Wagen und Pferde; Menschen aus der Umgegend waren gekommen, Frauenzimmer mit katunenen Hauben. Wie er oft vorher bemerkt hatte, schien alles größer hier, wenn man es aus gewissem Abstand betrachtete.

Sie waren kaum an Land gekommen, als auch das Dampfschiff sich näherte. Nur eine Stunde später als die Fähre legte es bei. Die Anwesenden riefen Hurra!

Dann fuhren sie wieder auf schlechten Wegen nach Flensburg zu. Auf den überschwemmten Ländereien sah man Leute im Wasser waten. Sie waren dabei, das Korn zu ernten. Das Gras schien dunkelgrün. Zwei betrunkene Bauern gingen taumelnd auf dem Wege. Sie riefen dem Wagen etwas nach, das niemand verstand.

Als sie aus der Marsch hinaus waren, kamen sie an großen Strecken Heide vorbei. Einsame Höfe lagen vereinzelt am Wege. Als sie anhielten, um zu rasten, erfuhr Andersen noch einiges über die Sitten und Gebräuche, das er in seinem Tagebuch vermerkte. Es war überraschend für ihn zu erfahren, dass die Männer während des Winters sich Arbeit außerhalb suchten und ihre Frauen alleine zu Hause ließen, wo sie oft ganz eingeschneit und isoliert von der Umwelt lebten. „Ihre Medizin ist Fliedertee, Brustzucker und Honig“, notierte er sich und fügte hinzu, dass „Briefe mit Gelegenheit versandt werden“.

Es wurde Abend, und die Dunkelheit brach herein. Vereinzelt schimmerte ein Licht von einem Heidehof zu ihnen herüber. Endlich erreichten sie Flensburg und stiegen bei Madame Döll ab. Ein Beefsteak und eine Flasche Porter taten gut nach der langen und beschwerlichen Reise.

Bilder: Umschlag: Wyk auf Föhr; Seite 4: Andersen-Statue in Odense; Seite 7: Wyk auf Föhr; Seite 10/11: Geburtshaus (links) von Andersen in Odense; Seite 12: Leuchtturm in Assens; Seite 14: Orgel in St. Nikolai in Flensburg; Seite 15: Flensburger Hafen; Seite 16: Wandbett im Wyker Heimatmuseum; Seite 19: Dagebüll; Seite 21: Wyker Heimatmuseum; Seite 22: Hier wohnte Andersen auf Föhr; Seite 25/26: Sandwall in Wyk; Seite 30, 31 und 32: Hallig Oland; Seite 38: St. Nikolai in Boldixum; Seite 39: Grabstele in Boldixum; Seite 41: St. Nikolai in Boldixum; Seite 46: Walknochen am Wyker Heimatmuseum; Seite 47: Mädchenfesttracht auf Föhr um 1900; Seite 48: Heimatmuseum Wyk.

Bibliografische Information der Deutschen Nationalbibliothek

Die Deutsche Nationalbibliothek verzeichnet diese Publikation in der Deutschen Nationalbibliografie; detaillierte bibliografische Daten sind im Internet über http://dnb.d-nb.de abrufbar.

Druck und Verarbeitung: Husum Druck- und Verlagsgesellschaft
Postfach 1480, D-25804 Husum – www.verlagsgruppe.de

ISBN 978-3-89876-541-1